AF601152

L'AUTHENTICITÉ

DES

RELIQUES DE SAINT WULFRAN

POSSÉDÉES A ABBEVILLE

NIÉE PAR UN ECCLÉSIASTIQUE DU DIOCÈSE DE ROUEN

RÉPONSE A M. L'ABBÉ SAUVAGE

Par EUGÈNE LEFRANC

Ancien enfant de chœur de la Collégiale de Saint-Wulfran d'Abbeville

Ego sum, noli timere,
C'est moi-même, ne craignez rien.

Prix : 1 franc 25.

PARIS

F. LEVÉ, IMPRIMEUR DE L'ARCHEVÊCHÉ

RUE CASSETTE, 17

—

1890

L'AUTHENTICITÉ

DES

RELIQUES DE SAINT WULFRAN

POSSÉDÉES A ABBEVILLE

NIÉE PAR UN ECCLÉSIASTIQUE DU DIOCÈSE DE ROUEN

RÉPONSE A M. L'ABBÉ SAUVAGE

Par Eugène LEFRANC

Ancien enfant de chœur de la Collégiale de Saint-Wulfran d'Abbeville

Ego sum, noli timere.
C'est moi-même, ne craignez rien.

Prix : 1 franc 25.

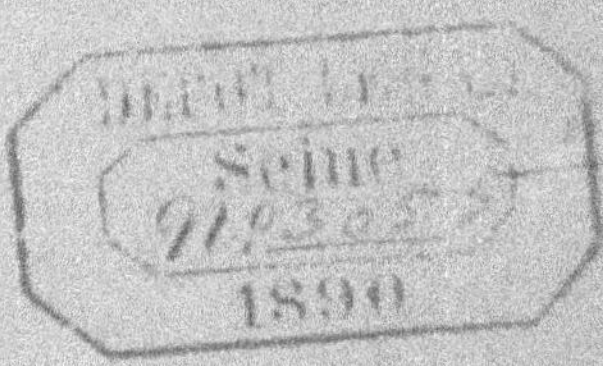

PARIS

F. LEVÉ, IMPRIMEUR DE L'ARCHEVÊCHÉ

RUE CASSETTE, 17

1890

INTRODUCTION

En 1876, M. l'abbé Sauvage, ancien curé d'Ectot-l'Auber au diocèse de Rouen, publiait un *Abrégé de la vie et miracles de saint Wulfran* par Dom Guillaume La Vieille, religieux bénédictin de Saint-Wandrille et prieur de Marcoussis, qui vivait au XVIe siècle.

Cet ouvrage, précédé d'un long commentaire sur la vie du docte religieux Guillaume La Vieille, ne présente qu'une trop courte analyse de la vie de saint Wulfran, sans aucun aperçu nouveau, suivie de l'Abrégé et d'un Appendice qui n'a pour nous qu'une médiocre importance. Toutefois, nous l'avons lu avec le plus vif intérêt, car nous y cherchions quelques documents échappés à nos regards et propres à rehausser le faible mérite de notre Histoire critique, religieuse et littéraire du glorieux pontife de Sens que nous préparons depuis plusieurs années.

Mais, si de l'ensemble des documents connus, étudiés par M. l'abbé Sauvage, il ne nous a pas été donné d'ajouter, à nos renseignements, aucune addition historique qui fût de nature à satisfaire notre pieux désir, en revanche nous y avons relevé quelques erreurs, toutes concernant l'histoire des reliques de saint Wulfran, que nous signalerons en temps et lieu dans le cours de cette dissertation. Et de plus, à notre grand étonnement, nous avons également recueilli, dans notre impartiale étude de cet ouvrage, une revendication assez étrange, à laquelle nul, en ce siècle, ne songea avant M. l'abbé Sauvage, celle de la possession, au XVIe siècle, non d'une partie des reliques de saint Wulfran, par le diocèse de Rouen, mais du corps entier, et la négation formelle de l'authenticité des reliques dont Abbeville se glorifie d'être l'heureuse dépositaire depuis plus de huit siècles.

Mais avant de réfuter une assertion aussi dangereuse en ses conséquences que peu fondée, disons en toute franchise qu'il s'est élevé depuis le XIe siècle, par suite de la division authentique des reliques de saint Wulfran, réparties en divers lieux, de singulières prétentions que rien ne justifiait. Ainsi, l'abbaye de Centule ou de Saint-Riquier, s'enorgueillissait au commencement du IXe siècle de posséder une portion sacrée des ossements de saint Wulfran. L'abbaye de Blandigny, près de Gand (Belgique), réclamait à bon droit, à la fin de ce même siècle, l'honneur d'avoir accordé l'hospitalité au corps du vénéré pontife de Sens. Au commencement du XIe siècle, les religieux de Fontenelle ou de Saint-Wandrille découvraient parmi les dix tombeaux que contenait la crypte de l'église Saint-Pierre du monastère, celui de saint Wulfran dans lequel on retrouva une grande partie du corps du saint prélat. En 1058, la ville d'Abbeville était enrichie des précieuses reliques de saint Wulfran. De cette époque, date, par une inqualifiable présomption, l'ère des contestations fâcheuses dont nous sommes encore aujourd'hui le témoin affligé. Par une inconcevable exagération de langage, chacun des heureux privilégiés ne voulant point restreindre, à l'exacte vérité, la possession dont tous étaient fiers, soutint, ce qui était absolument faux, qu'il avait, seul, la gloire d'être possesseur du corps entier de saint Wulfran. Bientôt, les adversaires employèrent le mensonge pour la défense de leur cause. Nous excluons de ce débat les bénédictins de Saint-Riquier, de Blandigny et les chanoines d'Abbeville. Aux moines de Fontenelle, comme à M. l'abbé Sauvage, incombe la lourde responsabilité de contestations dont le principe est une question d'amour-propre bien futile et où, nous le disons avec conviction, la gloire de Dieu et l'honneur de saint Wulfran n'ont eu aucune part.

L'AUTHENTICITÉ
DES RELIQUES DE SAINT WULFRAN

I

EXPOSÉ SINCÈRE DES PRINCIPAUX ARGUMENTS DE M. L'ABBÉ SAUVAGE CONTRE ABBEVILLE.

Quand il s'agit de nier formellement une tradition huit fois séculaire, comme l'est celle d'Abbeville; quand il s'agit d'enlever à une population entière, non d'une ville, mais d'une province, une croyance vénérable, fondée plus solidement, dans les cœurs de vingt générations et plus, sur cette base inébranlable la reconnaissance des bienfaits reçus, que sur la foi de parchemins souvent interpolés ; quand il s'agit de rejeter, comme apocryphes, les documents les plus respectables sur lesquels s'appuie une antique et constante tradition, ne doit-on point, au nom de la vérité de l'histoire, apporter dans la discussion d'un fait aussi important toute la prudence et la sagesse de nos meilleurs historiens, ne doit-on pas considérer comme un devoir sacré, auquel on ne saurait se soustraire, la présentation impartiale de toutes les pièces du procès ?

Est-ce ainsi que M. l'abbé Sauvage se présente devant nous? Non. Prudemment il a su éviter une discussion loyale sur un terrain qui tremblait sous ses pas, et la négation formelle de l'authenticité des reliques de saint Wulfran possédées par Abbeville s'offre à nos yeux étonnés par une insinuation mal déguisée et que n'accepte point une sage critique.

Comment procède-t-il dans ce ténébreux dédale de la controverse à laquelle il nous convie? Il émet d'abord un doute : *Comment admettre, dit-il, qu'en l'année* 1058, *les religieux de Saint-Wandrille aient laissé emporter par un comte de Ponthieu le corps du bienheureux prélat? Comment expliquer surtout le silence gardé sur ce fait par deux chroniques de Fontenelle écrites de* 1063 *à* 1066, *à Fontenelle même. Telle est pourtant l'affirmation de M. l'abbé Michel, curé de la paroisse de Saint-Wulfran à Abbeville, qui malheureusement a oublié d'indiquer ses preuves à l'appui de ses allégations. Par qui, quand et comment la date si précise de la cession ou du rapt des insignes reliques vénérées à Fontenelle a-t-elle été découverte? Nous l'ignorons absolument puisqu'aucune référence n'accompagne le passage précité.*

Il nous semble singulièrement facile à M. l'abbé Sauvage de prendre à partie un historien, vingt ans après sa mort, et d'entrer en lice, assuré d'un silence éternel, contre qui ne secouera point la poussière de son tombeau pour répondre à une question bien malheureusement inspirée. Aussi M. l'abbé Sauvage se hate-t-il d'émettre une opinion souveraine contre laquelle nous protestons : *Qu'il paraît avéré par un procès-verbal en date du* 21 *mai* 1662, *qu'à cette époque les chanoines d'Abbeville ignoraient encore le temps où leur église avait hérité de ce trésor.* M. l'abbé Sauvage ne veut point, ajoute-t-il, *insister sur un point délicat qui pourrait à lui seul fournir la matière d'un volume.* Et quelques pages plus loin, (sans vouloir détruire la tradition abbevilloise), intentionnellement, il s'écrie : *De tous ces faits réunis* (les translations des reliques à Fontenelle) *parfaitement étayés de relations contempo-*

raines, il résulte qu'au temps de Guillaume La Vieille, les religieux de Saint-Wandrille étaient en possession du corps entier de saint Wulfran, sauf toutefois **un bras recueilli par Ingulphe, prieur du monastère lors de la découverte du tombeau du pontife au temps de l'abbé Gérard (1027) et emporté par lui en Angleterre lorsqu'il fut fait abbé de Croyland (1086).**

Voilà, certes, une conclusion bien rigoureuse qui demande une tout autre chose qu'une sèche et froide affirmation. M. l'abbé Sauvage se retranche habilement derrière une prétendue délicatesse que nous n'éprouvons pas, nous, pour provoquer la lumière sur ce fait d'intérêt capital. Sans preuves certaines, et bien de gaité de cœur, M. l'abbé Sauvage enlève à Abbeville, en un trait de plume, la possession des reliques de saint Wulfran. C'est une ironie de mauvais goût, car elle équivaut pour nous, Abbevillois, à un culte indu, à une superstition défendue par les canons de l'Eglise et soufferte par le haut clergé du diocèse d'Amiens depuis au moins huit siècles. En vérité, comme le frère Gilles de la bonne ville de Marmoutier, nous avons lieu d'être *esbahy*.

Il ne s'agit pas pour nous présentement d'un intérêt de clocher, mais d'une croyance qui nous est chère en raison de l'affection que nous devons à qui nous fit, jeune enfant, joindre nos mains devant le buste de saint Wulfran. A ce titre la question se pose devant nous avec une gravité tout exceptionnelle. Aussi lui donnerons-nous tout le développement qu'elle comporte, qu'elle exige de droit, question résolue d'une façon imparfaite et trop légèrement par M. l'abbé Sauvage. Cet estimable savant, pas plus que nous, ne peut se dire indifférent au résultat final du problème.

Est-il hostile à la population abbevilloise? quelque peu puisqu'il lui conteste d'abord, puis lui ravit le plus beau fleuron de sa couronne. Or, nous ne pouvons nous laisser dépouiller sans au moins protester contre cet acte de violence. C'est un droit légitime qu'il doit nous reconnaître, et depuis longtemps nous lui aurions répondu si l'ouvrage qui nous a été signalé nous fût parvenu il y a quelques années.

Plus heureux que M. l'abbé Sauvage, nous répondons à qui peut encore descendre dans la lice, et nous sommons, au nom de la vérité historique, l'estimable écrivain normand qui enlève aux Picards et leur foi en saint Wulfran et leur gloire, de donner ses preuves.

Imitant la courtoisie de la polémique de M. l'abbé Sauvage, nous défendrons avec calme, sans acrimonie et sans réticence, la tradition abbevilloise. La déférence due au talent d'un écrivain bien connu, le caractère dont il est revêtu nous impose cette obligation, première condition d'un débat pacifique. Nous avouons qu'il nous en coûte beaucoup de nous mesurer avec un champion aussi distingué, mais c'est pour nous un devoir, c'est là une tâche pénible qu'il nous faut remplir courageusement. Nous dérober par de vaines subtilités de langage à cette lutte serait l'aveu de notre faiblesse dans la foi de nos aïeux. Nous manquerions au reste à notre dignité d'*enfant d'Abbeville*, au respect dû à nos concitoyens. M. l'abbé Darras, M. l'abbé Michel, du fond de leur tombe nous y invitent, et du haut du ciel ils soutiendront notre voix chancelante. Mieux que nous la vérité leur est dévoilée; puisse-t-elle l'être bientôt aux yeux de tous pour la gloire de Dieu et de notre saint Patron.

II

EST-IL CERTAIN, COMME L'AFFIRME M. L'ABBÉ SAUVAGE QUE LE CORPS DE SAINT WULFRAN AIT ÉTÉ POSSÉDÉ EN ENTIER PAR L'ABBAYE DE FONTENELLE, DE L'ÉPOQUE DE LA MORT DU SAINT JUSQU'AU XVIe SIÈCLE ?

Cette question toute difficile en apparence, à laquelle nous devons répondre sans aucune réticence, trouve sa solution dans ce texte bien explicite de la chronique abrégée de Saint-Riquier écrite par Jean La Chapelle en 1492 : Chapitre IX. Suite des travaux de saint Angilbert. Chapelles fondées par lui, leur consécration. Nous y lisons que le premier des calendes de janvier, soit le 31 décembre, si nous ne nous trompons, de l'an 801, eut lieu la solennelle consécration de l'église de Saint-Benoit. Des reliques déposées en ce sanctuaire nous relevons : *Cappella sancti Hieronimi in qua quiescebant ejus ossa et de sancto Wulfrano*. Il n'y a aucun doute à élever, le texte est formel, dans cette chapelle de Saint-Jérôme avec les ossements du grand docteur *reposaient* ceux de saint Wulfran.

Quelle confiance devons-nous accorder à l'auteur de la chronique abrégée de Saint-Riquier ? M. Ernest Prarond, dont le profond savoir et l'impartialité sont au-dessus de tout soupçon, a fait une sévère étude du manuscrit de Jean de La Chapelle. Après un examen judicieux il formule ainsi son jugement : « Entre toutes les sources dont s'approcha Jean de La Chapelle, on peut reconnaître le *Chronicon Centulense*. Il paraît avoir emprunté à l'abbé d'Oldembourg pour la période comprise entre l'année 625 et l'année 1088. La grammaire barbare et la langue presque macaronique de l'auteur donnent à penser qu'il fut simplement chargé par le savant abbé Le Quien, de recueillir des notes dans les titres et les chroniques de la bibliothèque abbatiale, de rédiger un brouillon enfin pour quelque moine plus érudit, qui aurait véritablement écrit cette chronique abrégée de Saint-Riquier. Cette chronique est publiée d'après une copie faite et collationnée par les soins de M. Merlet, élève de l'Ecole des chartes, sur le texte conservé dans les manuscrits de Dom Grenier. »

Il s'ensuit donc par cette citation que nous nous reposons sur un témoignage de valeur que l'on ne saurait récuser, et qui prouve indubitablement que, dès l'an 801, l'abbaye de Fontenelle n'était plus en possession du corps entier du glorieux pontife de Sens. Et ce qui confirme à l'abbaye de Saint-Riquier le privilège de sa partielle possession des reliques de saint Wulfran est sans contredit l'ancien martyrologe de ce monastère, commencé par Hélisachar qui en était abbé en 826. Le 15 octobre est nommément désigné, comme le jour de la fête du saint à Saint-Riquier, c'est-à-dire, solennisant le jour de la translation des reliques de saint Wulfran dans le Ponthieu.

Quelques années avant 1045, l'abbé Enguerrand voulant donner un nouveau lustre au culte du saint pontife de Sens déjà honoré à Abbeville, composa, à cet effet, un office dans lequel, dit M. Louandre père, ce savant abbé sut mettre une douce mélodie. Et d'après le *Gallia Christiana Vetus* (bibliothèque d'Abbeville) ce fut à la prière même des Abbevillois que le vénérable abbé de Saint-Requier composa ces chants sacrés : *Cujus honori proprios cantus forte ad preces Abbavillensium aptavit Ingebrammus abbas Centulentis, defunctus an.* 1045.

Or, si les Abbevillois prièrent le docte Enguerrand de leur composer de nouveaux chants en l'honneur de saint Wulfran, il faut nécessairement en inférer que ce culte avait pour principe et pour cause la vénération des reliques de saint Wulfran dont ils possédaient très probablement quelques parcelles dues à la générosité des abbés de Saint-Riquier. Ceci explique, d'une manière rationnelle, l'idée conçue par les comtes de Ponthieu d'obtenir une plus notable portion du corps, et ce, en raison de la célébrité du saint pontife de Sens qu'ils invoquaient depuis longtemps. Maintenant, s'il nous faut invoquer à l'appui de la division des reliques de saint Wulfran un autre témoignage, nous citerons celui de dom Mabillon. Cette grande gloire bénédictine, avec une prudence, une réserve que l'on ne saurait trop louer, a su éviter le danger d'une discussion stérile sur cette répartition des reliques de saint Wulfran. Néanmoins, il défend visiblement l'authenticité des reliques conservées à Saint-Pierre de Blandigny près de Gand et dispersées par les Huguenots au milieu du XVIe siècle.

Que les moines de Fontenelle aient rapporté en leur monastère une partie des reliques, celles enlevées du tombeau en 749 puis en 862, nous le pensons, mais encore avec cette restriction que les moines de Blandigny ne purent se laisser déshériter entièrement d'un trésor auquel ils avaient donné asile et protection. Au reste, la reconnaissance des religieux de Fontenelle nous laisse supposer qu'ils ne durent point s'éloigner de Blandigny sans y laisser le témoignage de leur gratitude, et cette marque de respectueuse reconnaissance ne pouvait être autre que l'abandon volontaire d'une portion de leurs reliques. C'est ce qui ressort visiblement du texte de dom Mabillon. De 852 au XVIe siècle, les bénédictins de Blandigny furent donc en réelle possession d'une partie des reliques de saint Wulfran. Et quand certains auteurs osent prétendre que les moines de Blandigny n'eurent jamais en leur abbaye qu'une partie des vêtements de saint Wulfran et des objets dont il se servait au monastère de Fontenelle, ils ne s'aperçoivent pas de la singulière erreur qu'ils veulent établir, en faisant croire à la postérité que moins de deux siècles après la mort de saint Wulfran, aucun des religieux de Fontenelle n'avait connaissance des reliques de saint Wulfran qu'ils honoraient d'un culte particulier. Cette incompréhensible assertion ne repose sur aucune base méritant une longue discussion. L'église de Saint-Pierre de Fontenelle reçoit en l'an 704 les dépouilles sacrées de saint Wandrille, saint Lambert, saint Ansbert, saint Wulfran et de plusieurs autres moines, disent les chroniques de Fontenelle, dépouilles retirées de l'église de Saint-Paul par saint Bain, alors abbé de Fontenelle. En 746, sous le gouvernement de l'abbé saint Wandon, l'église de Saint-Pierre brûle en partie. Elle fut restaurée presque aussitôt. A la mort de ce saint abbé, en 756, les religieux l'inhumèrent dans cette église. Sous Guy II, Pépin le Bref descend dans la crypte de l'église Saint-Pierre, de 753 à 756, et plein d'humilité s'agenouille au tombeau de saint Wandrille. En 756 la basilique de Saint-Pierre est reconstruite à nouveau par ses largesses et l'abbaye s'honore de la protection des rois carlovingiens. En 787, l'abbé Guy II est inhumé dans la nouvelle église de Saint-Pierre. Remontons à 833, date de la mort de saint Ansegise. Nous voyons en cette année que le saint abbé est inhumé dans le chapitre qu'il avait fait élever au nord de l'église de Saint-Pierre. Est-il possible d'admettre maintenant un oubli justifié des reliques de saint Wulfran quand l'abbaye de Fontenelle est au comble de sa prospérité jusqu'en l'an 845, quand, dans cette même crypte, reposaient les dépouilles les plus sacrées de l'abbaye?

De 842 à 862 apparaissent les Normands. Les abbés Foulques, Hérimbert, Joseph, Louis, chancelier de France et abbé de Saint-Denis, sauvent, au poids de l'or, l'abbaye dont la richesse attirait la cupide avarice des Normands. Pendant vingt ans, témoins de ces scènes désolantes qui annonçaient l'établissement de ces pirates aux confins de la Neustrie, les abbés de Fontenelle ne se mirent-ils point en garde contre l'enlèvement de leurs reliques? Aussi l'abbé Louis, en 862, averti d'une quatrième irruption ordonnait-il à ses fils de fuir sans tarder. Ils partirent sans encombre emportant avec eux toutes les richesses de Fontenelle et gagnèrent paisiblement une terre hospitalière. Ce fut en cette circonstance que les moines de Fontenelle enlevèrent de la crypte de l'église Saint-Pierre les corps des saints qui y étaient conservés, et dont pas un de leurs tombeaux ne dut et ne put échapper aux regards des religieux chargés de l'enlèvement de ces dépouilles sacrées. Cette religieuse translation fut opérée, non avec précipitation, mais avec tout le respect dû aux choses saintes. On enleva ce qu'on voulut, et pour éviter toute profanation, les tombeaux furent recouverts soigneusement et ainsi dérobés aux regards avides des Normands. Donc, vouloir exclure systématiquement le transport d'une partie des reliques de saint Wulfran à Blandigny, et admettre celui des saints dont les sépulcres étaient les solitaires témoins de la tombe du saint pontife de Sens, c'est parler contre la vérité. Nous prouvons qu'il n'y eut point en cette occasion de départ précipité par ce fait que les Normands furieux de ne pouvoir s'enrichir d'aucune dépouille laissée par les religieux s'en vengèrent en réduisant l'illustre abbaye en un monceau de cendres. Au surplus, voici une autre preuve plus convaincante encore que l'abbaye de Fontenelle ne pouvait avec raison soutenir envers et contre tous la possession du corps entier de saint Wulfran même en l'an 1238. Les reliques de saint Wulfran sont, de l'an 1027 à l'an 1058, confiées à toutes les paroisses décimées par les épidémies. Sur le passage des précieuses reliques de saint Wulfran, l'air infecté s'assainit, les malades recouvrent la santé, les populations livrées au désespoir sentent renaître en leur cœur une suprême espérance. Or nous n'assistons à aucune translation publique des reliques de saint Wulfran avant 1417, quoique l'abbaye ait fait en 1238 une reconnaissance des reliques du saint. Le second catalogue des reliques de Fontenelle qui remonte à cette époque énumère *un bras*, *un doigt*, *une dent*, *et le corps entier*, ce qui est une étrange anomalie, une perfidie raisonnée, une interpolation, quand le copiste plus fidèle a pris soin de spécifier la possession réelle, soit l'*os huméral du bras droit*, *un doigt*, *une dent*.

Mais comment expliquer raisonnablement la disparition soudaine des reliques de saint Wulfran de 1058 à 1238 à Fontenelle, et qui nous dira la cause vraie qui empêcha de 1058 à 1417, soit pendant *trois cent cinquante-neuf ans*, les pérégrinations des reliques du saint au milieu d'une province affreusement décimée: De 1059 à 1066 nous constatons une famine suivie de grandes mortalités, c'est-à-dire pendant sept ans. De 1076 à 1138 nous relevons trente années de désastres. De 1138 à 1145, famine et mortalité, encore pendant sept ans. Et de 1146 à 1238 nous relevons encore quarante années calamiteuses. Notons bien que nous sommes en 1238, époque où dom Mabillon affirme une translation des reliques de saint Wulfran.

Où étiez-vous, ô glorieux saint Wulfran pendant la succession de ces années de souffrance et de deuil? Où étiez-vous pendant ces famines qui désolaient la

Normandie, alors que les fleuves sortant de leur lit emportaient des villages entiers, quand la mort fauchait sans pitié ces populations désolées, quand le sol tremblait sur ses bases et rejetait violemment les habitations humaines détruites par cette secousse qui terrifiait ceux qui en étaient les témoins attristés, quand le feu et la chaleur détruisaient les hommes et les animaux. Où étiez-vous, ô glorieux saint Wulfran pendant les vingt-quatre années désastreuses qui s'étendent de 1238 à 1417, et dont l'une, 1348, reste toujours vivante dans la mémoire du peuple comme un sombre souvenir de ces époques où Dieu semble avoir déchaîné sur le monde ses plus terribles fléaux? Que M. l'abbé Sauvage réponde sans réticence à ces chiffres trop éloquents? qu'il nous explique comment vingt-six abbés ont pu se succéder dans le gouvernement de l'abbaye de Saint-Wandrille, sans que parmi tant d'hommes célèbres il ne s'en trouvât pas un, pas un seul, dont le cœur s'émût de pitié devant tant de ruines accumulées, devant les larmes des populations en deuil, devant leur désespoir. Tous cachaient donc un cœur de pierre sous leur robe monacale: leurs lèvres ne s'ouvraient donc dans le silence du cloître que pour applaudir à tant de calamités? Oh! loin de nous cette pensée criminelle à l'égard de ceux que leurs vertus rendent dignes de notre respectueuse admiration. La conclusion qui découle de ces faits, la conclusion rigoureuse qui semble s'imposer d'elle-même serait l'absence des reliques si nous ne tenions pour certain que l'abbaye de Fontenelle possédait de 1058 à 1562 quelques parties des reliques de saint Wulfran. Quel motif grave retint donc l'élan des religieux prêts toujours à soulager les infortunes et les misères des habitants du pays? La raison la plus plausible, celle qui n'élèvera contre elle aucun doute, c'est le sentiment de crainte éprouvée par les religieux de

Fontenelle qui préféraient s'ensevelir sous les ruines de leur monastère plutôt que de voir s'échapper de leurs mains les derniers restes de l'orgueil de l'abbaye. Ce n'est donc qu'après une succession de siècles et quand les vrais comtes de Ponthieu sont disparus de la scène politique que les moines de Fontenelle s'empressent de revendiquer la possession intégrale de reliques dont ils ne possédaient plus qu'une très faible partie. Et pour achever la démonstration du peu de valeur de la revendication de Fontenelle, disons que ceux-là mêmes qui avaient vu chez eux les reliques de saint Wulfran, les habitants d'Harfleur et de Montivilliers, chassés en 1449 par les Anglais, s'empressent de venir à Abbeville chercher un abri sous la protection de ce saint, où pendant deux ans et plus ils reçoivent la plus généreuse hospitalité. De retour chez eux, nous ne sachions pas que ces habitants aient jamais élevé de doute ou aient voulu disputer à notre cité la possession du trésor qui fit leur orgueil en des jours aussi malheureux. Ce qu'ils purent raconter aux moines de Fontenelle, et dut irriter ces derniers, c'est que pendant cette période de 1440 à 1444, ils virent élever chaque année pendant « la franche fête de saint Wulfran, laquelle commençait le mercredi d'après la fête de la Pentecôte à none et finissait le lundy ensuivant à soleil levé (sur la place actuelle de l'Amiral-Courbet), une chapelle de bois ornée de tapisseries et de tableaux dans laquelle étaient déposés les reliquaires contenant les précieux restes du glorieux archevêque de Sens ; » ce qu'ils purent encore raconter, c'est que pendant cette octave les chanoines y célébraient trois fois le service divin, et les bourgeois y récitaient leurs prières ; c'est que ces reliques étaient gardées jour et nuit par les hommes « liges et féodaux de saint Wulfran obligés d'y assister armés ». Assurément les moines de Fontenelle ne pouvaient nous pardonner ces jours de gloire pour notre cité, et rien ne fut oublié pour jeter la discrédit sur notre possession, en contester non seulement l'authenticité, mais jeter le ridicule sur la foi de nos aïeux en la puissante intervention de saint Wulfran dont on gardait les reliques avec un soin jaloux.

III

ERREURS HISTORIQUES DE M. L'ABBÉ SAUVAGE; LEUR RÉFUTATION.

« L'année même de sa découverte (1026) dit M. l'abbé Sauvage, le corps de saint Wulfran fut transféré par l'abbé saint Gérard dans une châsse d'argent et déposé le 1er ou le 2 juin dans la grande église abbatiale... Lors de la découverte du tombeau du pontife au temps de l'abbé Gérard (1027), un bras (du saint) fut recueilli par Ingulphe, prieur du monastère et emporté par lui en Angleterre lorsqu'il fut fait abbé de Croyland. » Rien en apparence ne fait prévoir ici une question grosse d'orages. Cependant ces quelques lignes suffiront pour faire juger de la créance que l'on doit accorder à M. l'abbé Sauvage s'acharnant à nier l'authenticité des reliques de saint Wulfran possédées à Abbeville.

« L'histoire doit être avant tout, non pas œuvre de vanité, mais œuvre de vérité. » Or, nous retournons à M. Sauvage ses propres paroles qui le condamnent et ruinent à nos yeux sa peu édifiante controverse.

M. l'abbé Sauvage, sciemment, a émis quelques erreurs historiques à l'appui de sa thèse; qu'il ne l'avoue jamais, nous le pensons bien. Ce serait lui faire une trop grossière injure que de le taxer d'ignorance de l'histoire de la Normandie en cette circonstance. Mieux donc vaut dire que volontairement il a trompé ses lecteurs.

En l'an 1009, saint Gérard, ancien moine de Lagny, fondateur et premier abbé du monastère de Saint-Arnould de Crépy, abbé de Fontenelle, à la prière de Richard II, duc de Normandie, alors que sous ses ordres, dans le but de réédifier la basilique, on creusait autour de l'église de Saint-Pierre du monastère déjà relevée, par l'abbé Maynard en 966 et que la foudre avait renversée en 1008, on trouva dans les fondations des cryptes de cette ancienne église dix pierres tombales. Il fut immédiatement procédé à l'ouverture de ces sépulcres. Dans l'un d'eux on retrouva le corps de saint Wulfran ; disons pour être vrai une partie du corps puisque nous avons ailleurs dûment constaté la la division de ses reliques.

La découverte du corps n'eut donc pas lieu, comme l'affirme deux fois M. l'abbé Sauvage, en 1026 puis en 1027 puisqu'elle eut lieu en l'an 1009.

Fut-il placé, comme le dit encore M. Sauvage, dans une châsse d'argent?

« Le corps du saint évêque, ayant ainsi été trouvé, fut mis avec beaucoup de respect et d'honneurs dans une châsse de bois (*in lignea theca, in ligneo locello*), lisons-nous, c'est-à-dire dans un reliquaire où l'on pouvait placer plusieurs corps saints car cette maison était encore si dénuée de ressources qu'il ne s'y trouvait pas de quoi faire mieux. Après quoi il fut mis au-dessus du grand autel où il devint bientôt célèbre par la gloire des miracles. »

Fontenelle avait alors pour ennemie puissante Herlève ou Hélène, épouse de Robert Ier, archevêque de Rouen, de laquelle il eut trois fils Richard, Raoul et Guillaume, comte d'Evreux. En 1014, délivrée des difficultés de l'enfantement par les mérites de saint

Wandrille, elle enrichit dès lors l'abbaye qu'elle ne pensa plus qu'à aimer, nous dit dom Bréard.

« En 1027, une dame illustre du pays, Emma, comtesse et baronne de Pont-aux-Cardons, voulant montrer par les effets le grand amour qu'elle avait pour saint Wulfran, au lieu de la châsse de bois où reposait son corps, lui en fit faire une d'argent dans laquelle il entra un demi-talent d'argent et une livre pesant d'or. Cet ouvrage était tel, que dans toute la Normandie il ne s'en trouvait nulle part un semblable. » Nous assistons donc à une seconde translation et non à la découverte des reliques de saint Wulfran.

Après avoir démontré que M. l'abbé Sauvage a trompé ses lecteurs sur un point important, indiquons quelle autre erreur il veut nous faire accepter comme vérité.

Le moine Ingulphe, dit M. l'abbé Sauvage, prieur du monastère de Fontenelle lors de la découverte du tombeau de saint Wulfran (en 1009), recueillit un bras du saint qu'il emporta en Angleterre lorsqu'il fut fait abbé de Croyland.

Remarquons bien que M. l'abbé Sauvage n'ignore rien de l'histoire de son pays, que nous ne le taxons point d'ignorance, au contraire, mais qu'il a besoin de trouver des faits pour appuyer sa thèse contre Abbeville et faute de mieux ne craint pas de recourir à de piteux arguments.

Il ne dit rien d'abord de l'époque où le savant Ingulphe fut appelé à gouverner l'abbaye de Croyland, mais constate qu'il était en possession d'un bras de saint Wulfran. Rien n'est moins véridique, nous allons le prouver.

« *Spectabilis nobis est annus millesimus octuagesimus sextus*, dit dom Bréard, nous devons nous arrêter à l'année 1086, *quo acceptum in Fontanella a Sancto Ger-*

berto, Abbate Fontanellæ, pendant laquelle fut *reçu* par saint Gerbert, abbé de Fontenelle, *de corpore sancti Wulfranni Senonensis Archiepiscopi*, du corps de saint Wulfran archevêque de Sens, *humerale dextri brachii os tulit, Ingulfus Fontanellæ monachus*, l'os huméral du bras droit emporté par Ingulphe moine de Fontenelle, *cui Abbas in Crulandiam, a Guillelmo Angliæ sub autore præfectus fuerat eodem anno*, qui avait été mis à la tête d'une abbaye par Guillaume d'Angleterre, en cette même année 1086.

Dom Bréard ne dit pas qu'il fut prieur de Fontenelle à cette époque, mais simple moine. Où donc M. l'abbé Sauvage a-t-il lu que le savant Ingulphe avait recueilli un bras en 1009, ou même en 1027, quand Dom Bréard lui-même affirme que cet os et non ce bras fut reçu, c'est-à-dire donné. Il n'est pas question d'ouverture de la châsse de saint Wulfran, et pour cause, car à cette époque l'enlèvement des reliques, pour une grande partie, avait eu lieu, et les religieux de Fontenelle n'osaient les exposer à un nouveau larcin. D'où vint cet os? Dom Bréard n'a pas cru devoir nous le faire connaître. Mais encore fournit-il une nouvelle preuve par ce qu'il vient d'écrire que le corps de saint Wulfran était divisé, puisque saint Gerbert reçut une portion du bras droit en 1086, et que cette relique ne fut pas retirée de celles que possédait encore Fontenelle, reliques qui se réduisaient à de maigres parcelles.

Voici ce que dit Orderic Vital du moine Ingulphe élevé, croyons-nous, à la dignité de prieur, en l'année 1086 : Quelque temps après la mort de l'abbé Ulfketel, abbé de Croyland, Ingulphe, moine de Fontenelle, reçut du roi Guillaume l'abbaye de Croyland, et la gouverna pendant vingt-quatre ans, malgré de grandes contrariétés. Il était anglais d'origine, avait été secrétaire du duc Guillaume et avait fait le voyage de la Terre-Sainte. A son retour de Jérusalem, il s'était rendu à Fontenelle et y avait reçu l'habit monacal de la main du savant Gerbert, sous lequel il fut nommé prieur. (Gerbert fut abbé de Fontenelle de 1063 à 1089.) Le 16 novembre 1109 l'abbé Ingulphe mourut à Croyland. (Il était âgé de soixante-dix-neuf ans.) Or, cela nous fait connaître l'époque de sa naissance, en 1030. Que M. l'abbé Sauvage veuille bien s'en assurer, et nous expliquer comment, *avant sa naissance, en l'an* 1009, le savant Ingulphe *put recueillir un bras de saint Wulfran, et être promu à la dignité de prieur de l'abbaye de Fontenelle*. C'est là, croyons-nous, une nouveauté historique d'un goût très douteux et bien propre à étonner plus d'un admirateur du savoir de M. l'abbé Sauvage.

IV

DE LA TRADITION ABBEVILLOISE ATTAQUÉE PAR DOM BRÉARD, PUIS PAR M. SAUVAGE.

M. l'abbé Sauvage, quoique s'inspirant des travaux de dom Bréard, lequel avait emprunté à dom Deuter les arguments tendant à révoquer la tradition abbevilloise, n'a fait aucune citation de nature à éclairer ses lecteurs sur la véracité de ses dires. Il lui était assurément assez difficile de s'y résoudre tant est peu mesuré le langage du docte mais partial bénédictin.

En effet, ce n'est que l'injure à la bouche que dom Bréard prétend soutenir sa cause, et sa plume ne craint pas d'accuser le vénérable évêque d'Amiens, Mgr François Faure, d'une coupable complaisance, dans la reconnaissance des reliques de saint Wulfran.

Est-il nécessaire de reproduire ici l'œuvre de dom Deuter qui se trouve en entier dans celle de dom Bréard, ou cette dernière que nous avons sous les yeux? Nous le croyons inutile à cause de la longueur interminable de leur polémique. Ces documents que nos lecteurs pourront consulter à la bibliothèque de Rouen produiront une impression pénible sur l'esprit le moins prévenu. On jugera de suite le sentiment qui se révèle sous la plume facile et perfide de l'insidieux bénédictin.

Il n'y a d'abord, dans sa discussion, aucun ordre, et pour le réfuter il nous faut analyser sa violente polémique pour la présenter d'une façon discutable.

Dans l'ardeur de sa conviction, *qui n'est pas la nôtre*, Dom Bréard s'écrie : *Les Abbevillois qui se vantent de posséder le corps de saint Wulfran, ne savent, ni ne disent rien, ni du lieu où le corps était précédemment, ni de l'époque, ni des circonstances de cette translation que quelque écrivain étranger ou du pays n'a pas effleuré, ne fût-ce que légèrement.*

Voilà ce qui fait bondir de joie M. l'abbé Sauvage qui, croyant nous donner le dernier coup de massue, ajoute gravement : *Nous serions d'autant plus curieux de l'apprendre qu'il paraît avéré qu'en* 1662 *les chanoines d'Abbeville ignoraient encore le temps où leur église avait hérité de ce trésor.*

Les Abbevillois, n'en déplaise à nos détracteurs, ont pour eux la tradition du pays, tradition écrite et présentant tous les caractères de véracité historique. Elle nous a été transmise d'âge en âge, de génération en génération depuis le XIe siècle. *Traditio est, nihil quæras amplius*, disait le grand Tertullien : *c'est la tradition, tenez-vous en là.* Mais il ne plaît point à dom Bréard de s'en tenir à la memoire fidèle du pays entier, il nie, il veut révoquer cette sincérité picarde qui est l'une des vertus de nos populations parce qu'elle amoindrit, selon son opinion, la gloire de Fontenelle. Et par une de ces subtilités dont il a le secret, il assure que nous ne savons rien, ni du lieu où était le corps précédemment, ni de l'époque, ni des circonstances de cette translation.

A ces perfides objections où se montre la plus insigne mauvaise foi, la tradition du pays répond que les Abbevillois n'ont jamais ignoré que les reliques de saint Wulfran reposaient à Fontenelle ; que ce fut de là, au XIe siècle, qu'elles furent transportées à Abbeville par les soins des comtes de Ponthieu.

Rappelons ici avec courtoisie à M. l'abbé Sauvage, ce qu'écrivait M. l'abbé Arbellot, il y a quelques années, *que la tâche de la critique moderne, ce n'est pas de nier les traditions ; c'est d'examiner le plus ou moins de valeur historique que possèdent les traditions, et cette valeur est toujours en raison du plus ou moins d'ancienneté et d'authenticité des documents qui la renferment ou la constatent ; c'est d'élaguer d'une main respectueuse les détails apocryphes qui déparent ces pièces ; c'est de conserver, au moins comme probables, les faits dont l'erreur n'est pas véritablement démontrée ; c'est d'accepter pieusement le fonds de vérité historique qui s'y trouve, et il y a toujours un fonds de vérité historique dans les traditions quand elles sont anciennes et très répandues.* Tel est le cas de la tradition abbevilloise. Longtemps, le peuple, ignorant l'histoire exacte des comtes de Ponthieu, attribua sans pleine connaissance de cause au comte Guillaume de Talvas la translation des reliques de saint Wulfran, de Fontenelle à Abbeville, parce que ce comte, *le premier*, avait fondé à Abbeville une église au saint évêque de Sens pour honorer ses précieux restes. Mais, si la tradition du pays se trompe sur le nom du comte de Ponthieu qui apporta dans nos murs une notable partie du corps de saint Wulfran, elle est du moins formelle et invariable quant à l'époque de cette translation qu'elle fixe à l'an 1058.

Est-ce donc un titre suffisant que cette erreur, quant au nom du comte de Ponthieu, qui, certes, n'est pas un détail apocryphe, pour ôter à notre tradition écrite la garantie d'ancienneté et d'authenticité que nous lui connaissons ? Nous ne le pensons pas. Nous rejetons l'erreur qui attribue faussement au comte Guillaume de Talvas la translation de nos reliques parce que sincèrement elle est contraire à la vérité. Mais nous conservons à notre tradition l'enseignement fidèle et irréfutable que ce fut un comte de Ponthieu que nous nommerons bientôt, un des prédécesseurs de Guillaume de Talvas, qui les apporta dans les murs de la *cité fidèle*.

Au reste, dom Bréard, bien mieux qu'un grand nombre d'Abbevillois, connaissait cette tradition de notre pays, et il va nous fournir lui-même la réponse qu'il convient de faire à l'objection qu'il a soulevée d'une façon tout illogique : « *ils affirment*, dit-il, en parlant des Abbevillois, *que le corps de saint Wulfran fut apporté à Abbeville par* Guy de Talva, devenu *comte de Ponthieu par son mariage avec l'héritière de ce comté.* »

Croyant donc en avoir terminé avec notre tradition, le docte bénédictin se fait un jeu plaisant de narrer un fait perplexe pour beaucoup. Mais en agissant ainsi il ne s'aperçoit pas de sa méprise, car il redresse la tradition abbevilloise en ce qu'elle a de défectueux, et, à son insu, il lui donne au contraire un nouvel éclat en lui rendant sa pureté primitive. Remarquons qu'il ne dit pas, ce fut sous Guillaume de Talva, mais sous *Guy de Talva*, comte de Ponthieu, mort en 1100. Aussitôt cet hommage rendu à la vérité, Dom Bréard nous donne lui-même l'exemple que l'histoire peut subir des vicissitudes causées par la passion de l'écrivain, car lui, l'historien vanté de Fontenelle, ne craint pas de léguer à la postérité cette grossière erreur que Guy de Talva devint comte de Ponthieu par son mariage avec l'héritière de ce comté, *soit avec sa propre fille*.

Si dom Bréard se fût moins passionné pour une cause qui exigeait de lui toute sa réflexion, et non une ardeur, un enthousiasme que l'on a peine à comprendre, il n'eût jamais voulu assumer la critique d'un mauvais historien. — En parlant de Guy de Talva, dom Bréard fait évidemment allusion à Robert le Diable, comte d'Alençon, de la race de Montgommery, marié à Agnès, fille du comte de Talva, et qui devint plus tard lui-même comte de Ponthieu. Mais poussé par un invincible besoin de polémique il enchevêtre les questions et ne se rend pas compte qu'il replace, avec une vérité dont nous lui savons gré, notre antique tradition à laquelle il assure une solution rationnelle de continuité.

Et maintenant si on nous objecte que précédemment nous avons dit que les reliques de saint Wulfran ont été transportées de Fontenelle à Abbeville par les soins des comtes de Ponthieu, nous répondrons que la tradition renferme cette conséquence qu'il faut voir dans le texte même de dom Bréard, qui n'a pas imité ici, et sciemment, la scrupuleuse exactitude qu'il a montrée dans ses différents travaux sur l'abbaye de Fontenelle ; c'est avec l'aide de Robert le Diable, son gendre, et après sa détention à Bayeux puis à Rouen, de 1054 à 1056, que le comte de Ponthieu ravit les reliques de saint Wulfran aux moines de Fontenelle. Et, afin que l'on puisse juger de la loyauté avec laquelle nous défendons notre cause, nous allons citer ici le texte latin de dom Bréard, non pour étaler quelque savoir, ce qui serait de notre part puéril et mesquin, nous adressant, non à un groupe d'Académiciens, mais à la masse populaire avec laquelle il faut parler le langage qui frappe et son esprit et son cœur. Oui, nous tenons à bien pénétrer nos lecteurs de ce sentiment, que nous ne voulons pas en imposer ou affaiblir sans preuve le prestige de Dom Bréard, le guide, le fâcheux inspirateur de M. l'abbé Sauvage. Voici donc ce fameux texte de promiscuité : *Guido-*

nem de Talvas Pontivi Comitem ex matrimonio cum hærede Pontiviacensi inito (1).

V

TRANSLATION DES RELIQUES DE SAINT WULFRAN, ÉVÊQUE DE SENS ET MOINE DE FONTENELLE, DE L'ABBAYE DE SAINT-WANDRILLE A ABBEVILLE EN L'AN 1058.

Faire un crime aux comtes de Ponthieu de l'enlèvement des reliques de saint Wulfran aux moines de Saint-Wandrille quand l'histoire du temps nous montre l'avidité du clergé et de la noblesse pour cette possession qui était pour tous une source de bienfaits, pour les pauvres une consolation dans les épreuves de la vie, c'est vouloir heurter de front un mur d'airain contre lequel vient se briser la fragilité des armes de la dialectique. Nous constatons ce fait pendant toute la durée du moyen âge, et l'Eglise ne l'a point condamné par ce motif qu'il était de la gloire de Dieu que les reliques des pieux personnages qui s'étaient consacrés à étendre son culte, fussent honorés, non en un seul lieu, mais en de multiples, afin que, par la présence des ossements des confesseurs de la foi, nous ayons des exemples sous les yeux frappant notre esprit et des intercesseurs protégeant les contrées où ces dépouilles sacrées recevaient les hommages dus à leurs mérites et dont le principe remonte à son premier auteur, le Dieu du Calvaire.

Que l'abbaye de Fontenelle (ou de Saint-Wandrille) ait tenu rigueur à nos comtes de Ponthieu, rien de

(1) Apparatus Historiam Fontanellæ. Autore Domno Alexio Breard, Presbytero et Monacho Benedicto Congregationis Sancti Mauri in Gallia 1683. — Page 35 à 58.

plus légitime. Que les évêques d'Amiens se soient refusés pendant un long temps à reconnaître l'authenticité de nos reliques dérobées, nous l'admettons. Aussi, faut-il admirer la réserve et la prudence des prélats d'Amiens en cette circonstance. Ils laissent écouler près d'un siècle et demi sur cette possession. Pendant ce temps, les générations se succèdent à Fontenelle, l'oubli jette son voile protecteur sur les faits accomplis. Quand, en 1205, a lieu la solennelle reconnaissance des reliques de saint Wulfran par Mgr Richard de Gerberoy dont nous publions au chapitre IX le procès-verbal, on admire cet esprit de conciliation qui est la gloire de l'Eglise ; il n'y est pas fait mention du larcin. Le prélat, assuré de la possession dont l'histoire raconte les circonstances, reconnaît les reliques d'après les témoignages transmis de génération en génération et touchant de ses mains vénérables la vie du saint attribuée à Jonas, moine de Fontenelle, il n'hésite pas à affirmer à la postérité, par une attestation digne de foi, que nous possédons le corps de saint Wulfran qui, dès lors, recevra les hommages de tous les prélats qui monteront sur le siège épiscopal d'Amiens.

A l'aide de nos documents, nous allons reconstituer cette scène palpitante de l'enlèvement des reliques de saint Wulfran à Fontenelle. Mais avant, il est utile de faire connaître l'influence considérable dont jouissait alors en Normandie la famille des comtes de Ponthieu, ce qui facilita, on peut en être assuré, ce pieux mais violent larcin.

Le comte Guy de Talvas, fait prisonnier à Mortemer-sur-Eaulne, bourg peu éloigné de Neufchâtel, est détenu d'abord à Bayeux, puis à Rouen de 1054 à 1056. Fut-il jeté dans un sombre cachot, mis aux fers et condamné au pain et à l'eau? on ne peut le croire étant donné que son allié de famille, Roger de Montgomméry, père de Robert de Bellême, marié à Agnès, fille du comte de Ponthieu, était le confident du duc Guillaume, et qu'à cette époque son gendre était à la cour de Normandie. Un bien plus puissant avocat dut également intervenir dans l'occurrence, on n'en saurait douter, c'est Guy, oncle du comte de Ponthieu, alors chapelain de la duchesse Mathilde, épouse de Guillaume le Conquérant. Il fut donc, selon l'expression actuelle, prisonnier sur parole. On sait quelle valeur morale avait en ce temps la parole d'un chevalier, aussi ne voyons-nous aucune tentative d'évasion de la part du comte de Ponthieu, qui en 1056, fatigué d'un trop long séjour en Normandie, accepte le rachat de sa liberté sur parole, se déclarant vassal du duc Guillaume et s'obligeant à combattre sous ses ordres avec cent chevaliers chaque fois qu'il en serait requis. Cette condition nous donne une haute idée de la considération dont le comte de Ponthieu jouissait et quel secours il pouvait donner au duc de Normandie toujours guerroyant et méditant la conquête de l'Angleterre.

De 1053 à 1058 nous assistons aux grandes translations des reliques de saint Wulfran à Rouen, puis à Fécamp et sur tout le littoral.

En 1057, à la requête de l'abbé de Fécamp et des notables de la ville, les religieux de Fontenelle consentirent en raison des épidémies qui sévissaient en Normandie à se séparer de la châsse de Saint-Wulfran en faveur des populations décimées. L'abbé de Fécamp reçut donc en grande solennité, le 5 du mois de mai, sous le porche de l'abbaye, ce précieux trésor qui lui était confié. Il le remit bientôt, selon la coutume du temps, aux habitants des villes voisines, qui l'en prièrent et nous assistons aux translations des reliques, d'abord à Harfleur puis à Montivilliers et le long de la côte de la mer. Notons que la châsse ainsi abandonnée à la garde des pieux fidèles pouvait être l'objet de quelque tentative coupable.

Déposée en chaque église où elle était l'objet de la vénération des fidèles, la châsse n'avait aucun gardien pendant la nuit et restait ainsi exposée à la convoitise des audacieux. Ce fut ce qui arriva. Le comte de Ponthieux et son gendre qui venaient de combattre sous la bannière du duc de Normandie à la fameuse bataille livrée sur les bords de la Dive, informés de la translation des reliques de saint Wulfran le long du littoral n'eurent plus de repos qu'ils n'eurent enlevé ses reliques pour en enrichir la capitale du Ponthieu. Mais les récents démêlés du comte avec le duc de Normandie ne pouvaient permettre au comte de Ponthieu de tenter lui-même ce hardi coup de main. Des gens à sa solde se chargèrent donc de conduire à bien cette audacieuse entreprise. Alors, le comte de Ponthieu et son gendre dissimulant ce projet quittèrent Rouen pour se rendre en leur comté sans se détourner de leur chemin.

Ce ne fut, croyons-nous, qu'au sortir de l'abbaye bénédictine de Montivilliers que dirigeait alors Béatrice, tante du duc Robert de Normandie, que put avoir lieu l'enlèvement des reliques de saint Wulfran par les gens des comtes de Ponthieu. Et ce larcin dut se faire dans une des églises ou paroisses où l'on déposa la châsse de Saint-Wulfran à la vénération des habitants de Montivilliers ou de ceux des pays voisins, soit en la chapelle du saint Esprit ou celle de Saint-Jean à Montivilliers, soit en l'église de Saint-Germain ou celle du Saint-Sauveur proche Montivilliers. S'étant donc introduits nuitamment dans une de ces chapelles ou églises, les gens du comte de Ponthieu s'empressèrent d'accomplir le larcin auquel ils s'étaient engagés. Mais en cette circonstance qui pouvait avoir de violentes représailles, l'abbaye de Fontenelle étant protégée par les ducs de Normandie,les gens du comte de Ponthieu ne retirèrent de la châsse qu'une partie de son contenu et l'ayant refermée avec soin ils s'éloignèrent au plus vite du lieu qu'ils venaient de dépouiller. Quel chemin prirent-ils pour rejoindre les comtes de Ponthieu? Il serait difficile de le dire. Nous supposons qu'ils durent vraisemblablement prendre le littoral jusqu'à Dieppe, et de là se diriger vers Neufchâtel qui fut, très probablement, le lieu du rendez-vous pour la remise des reliques de saint Wulfran au comte de Ponthieu et à son gendre Robert de Bellême.

Les reliques de saint Wulfran, disent les manuscrits de MM. Sangnier d'Abrancourt, Macqueron, et l'*Histoire d'Abbeville* de M. Louandre père, reposèrent de l'an 1058 à 1140, sous la garde des habitants d'Abbeville en la chapelle Saint-Nicolas-et-Saint-Firmin, alors les patrons d'Abbeville. Cette chapelle était située hors la ville, sur l'emplacement de l'église de Saint-Wulfran de la Chaussée, aujourd'hui petite rue Saint-Wulfran, non loin du château du comte de Ponthieu. Nous donnons ci-après l'exacte énumération des reliques enlevées par les comtes de Ponthieu, d'après les procès-verbaux de la paroisse de Saint-Wulfran.

Chef de saint Wulfran.

Des huit os du crâne :	Abbeville ne recueillit que :
(Le coronal, les deux pariétaux, l'occipital, les deux temporaux, le sphénoïde et l'ethmoïde.)	*Le coronal, les deux pariétaux, l'occipital dont la portion basilaire manquait.*
Des quatorze os de la face :	
(Treize du maxillaire supérieur, seize dents, le maxillaire inférieur, seize dents.)	*Le maxillaire inférieur garni de trois dents.*

Du chef manquait : les deux temporaux, le sphénoïde, l'ethmoïde, le maxillaire supérieur qui compte treize os et vingt-neuf dents.

Du corps ou tronc.

Épine dorsale :

(Vingt-quatre os, deux omoplates, deux clavicules, le sternum, vingt-quatre côtes, sept vertèbres cervicales, douze vertèbres dorsales, cinq vertèbres lombaires.)

Une portion de la partie supérieure du sternum, deux omoplates, deux clavicules non intactes, dix-neuf côtes, tant de droite que de gauche dont aucune n'était intacte, une vertèbre cervicale, sept vertèbres dorsales, cinq vertèbres lombaires.)

Du tronc manquait : les vingt-quatre os de l'épine dorsale, une partie des deux clavicules, une grande partie du sternum, cinq côtes, une partie des dix-neuf autres, six vertèbres cervicales et cinq vertèbres dorsales.

Du bassin :

(L'os sacrum, le coccyx, les deux os iliaques.)

L'os sacrum, le coccyx, les deux os iliaques.

Des bras et des mains :

(Deux humérus, deux radius, deux cubitus, seize os du carpe, dix os du métacarpe et les vingt-huit phalanges des doigts.)

L'huméral gauche, deux radius, deux cubitus, quatre os du carpe, cinq du métacarpe.

Des bras manquait : l'huméral droit, douze os du carpe, cinq du métacarpe ou le dos d'une main et les phalanges de tous les doigts.

Des jambes et des pieds :

(Deux fémurs, deux tibias, deux péronés, quatorze os du tarse, dix os du métatarse et les vingt-huit phalanges des doigts.)

Deux fémurs dont l'un séparé de la rotule, deux tibias, un péroné, treize os du tarse, six os du métatarse.

Des jambes et des pieds manquait : une rotule d'un fémur, un péroné, un os du tarse et six du métatarse et les phalanges de tous les doigts.

Ainsi, des deux cent-vingt parties dont se compose le squelette humain, Abbeville s'enrichit de cent, les plus notables, dont la réunion a pu faire croire à la possession du corps entier. Une reconnaissance exacte des reliques démontre l'exagération des pieux chanoines, et du procès-verbal de 1662 de Mgr François Faure qui n'a pas apporté dans cette recognition des reliques de saint Wulfran une minutieuse description des parties possédées, mais a statué de visu sur l'ensemble du corps, à son intégralité. Or, cette erreur est d'autant plus pardonnable que la présence d'un docteur en médecine fut jugée inutile en la circonstance pour faire cette constatation, ce qui plus tard néanmoins fut fait, en présence de Mgr Sabatier, évêque d'Amiens, le 7 avril 1712.

VI

EST-IL CERTAIN « QU'AUCUN ÉCRIVAIN DU PAYS OU ÉTRANGER N'AIT EFFLEURÉ DE SA PLUME, NE FUT-CE QUE LÉGÈREMENT, LE RÉCIT DE CETTE TRANSLATION » ?

Dom Bréard en affirmant cette assertion n'a point craint d'être suspecté de mensonge ; cependant rien n'est plus faux. Et prétendre établir que notre tradition n'a trouvé aucun écho dans le cœur des Abbevillois, c'est parler contre la vérité.

Quel est donc cet anonyme du XIe siècle, cet enfant d'Abbeville, témoin de la translation des reliques de saint Wulfran dans les murs de la cité natale qui transmet à la postérité le récit des miracles accomplis de son temps, qu'il put voir ou recueillir de la bouche de ceux qui en furent les témoins? Les Bollandistes n'ont pas craint d'en publier le texte et de confirmer cette tradition qui leur était connue, comme du lieu où furent déposées à Abbeville les reliques de notre glorieux patron. *Corpus hujus eo delatum nuper ostensum.* « C'est en ce lieu que naguère, après avoir été dérobé, il fut montré. Et il fut dérobé, ajoutent-ils, *ex monasterio Fontanellensi* » c'est-à-dire lorsque les reliques confiées aux habitants du pays étaient aux environs de Fontenelle. De ces témoignages qui sont les nôtres, dira-t-on, passons aux documents de la ville de Sens. Qui mieux que cette cité revendiquant l'honneur d'avoir eu saint Wulfran pour pasteur pourra nous fournir un témoignage impartial? Un moine de l'abbaye de Saint-Pierre-le-Vif, non loin de Sens, Geoffroy de Courlon qui vivait au XIIIe siècle, a écrit dans son martyrologe : *Sanctus Wulfrannus. Hic in Frigiam predicavit. Obiit et sepultus est apud Fontanellam.* Jusqu'ici rien ne nous intéresse, c'est sa prédication en Frise, sa mort et sa sépulture au monastère de Fontenelle. Mais où l'intérêt se montre pour nous, c'est quand le religieux ajoute : *Deinde furtim translatus fuit apud Abbatis-Villam in Pontivo.* Il nous semble assister à ce rapide enlèvement tant la phrase est concise : *Après, il est clandestinement transporté dans Abbeville en Ponthieu.* La circonstance du larcin est visible; ce fut à la dérobée qu'on put enlever les reliques. La chronique de Saint-Pierre-le-Vif, due à la plume du même religieux, est encore plus explicite : *deportatus fuit usque ad Abbatis-Villam in Pontivo, ibique detentus multis fulgens miraculis in ecclesia canonicorum, ipsius sancti Wulfranni nomine fabricata, summa cum reverentia conservatur.* On ne peut être plus précis : *Saint Wulfran reposait dans l'église de son nom, et dans cette église où il opérait de nombreux et grands miracles, un corps de chanoines le conservait avec beaucoup de vénération.* En 1688, dom Hugues Mathoud, prieur de Saint-Pierre-le-Vif, réfutant dom Bréard qui, à cette époque, travaillait dans le silence du cloître contre Abbeville, écrivait ces lignes mémorables : *...cives Abbavillæi in Pontivo, certi jam ab annis quingentis et insuper..... sancti Wulfranni corpus obtigisse repositum in insigni Ecclesia collegiata sub ejus nomine sacra. Il y a cinq cents ans et plus qu'une partie du corps de saint Wulfran repose dans l'insigne église collégiale d'Abbeville en Ponthieu sous son nom sacré.* Rapprochons la date de 1110 où fut transporté le corps de saint Wulfran de l'église Saint-Nicolas dans celle dédiée à son nom et nous verrons si le moine Geoffroy de Courlon veut en imposer à notre crédulité. Il était donc notoire que l'enlèvement des reliques de saint Wulfran par les comtes de Ponthieu était connu depuis des siècles et nul, sauf Fontenelle dépossédée, ne contesta l'authenticité des reliques de saint Wulfran qui lui furent dérobées.

VII

DU CULTE DE SAINT WULFRAN A ABBEVILLE

Le *Gallia Christiana Vetus* nous représente les Abbevillois priant l'abbé de Saint-Riquier, Enguerrand, mort en 1045, de leur composer un office propre pour honorer saint Wulfran. Et de cette époque à 1110, les clercs d'Abbeville n'eurent point d'autres chants. Bien plus, nous allons même au delà. Que M. l'abbé Sauvage sache donc, et nous l'affirmons, qu'Abbeville en fit usage jusqu'au XVIIIe siècle.

En 1110, au lieu où s'élève majestueuse et fière notre vieille collégiale, terrain vague appartenant alors au prieuré de Saint-Pierre, le comte de Ponthieu, Guillaume de Talva, du consentement de ce monastère fit bâtir une église où il déposa *le corps et le chef de saint Wulfran.* Nous répétons, mot à mot, les expressions des manuscrits de M. Sangnier d'Abrancourt et de M. Macqueron dans son *Histoire chronologique d'Abbeville*. Le comte Guillaume, ajoute le père Ignace dans son *Histoire ecclésiastique d'Abbeville*, y établit douze chapelains et constitua une rente à perpétuité pour entretenir un cierge ardent devant le corps de ce grand saint. En 1125, le comte Jean Ier dédie solennellement cette église à saint Wulfran, qui n'en était que le patron secondaire, le comte Guillaume de Talva l'ayant dédiée à saint Firmin et à saint Wulfran. En 1140, les religieux du prieuré de Saint-Pierre jaloux de n'être point choisis pour desservir cette église en appellent au pape Paul II, qui, sans information sincère, attribue l'église, ses reliques, ses biens à l'église saint Pierre, mais à la mort du dernier des clercs qui la desservaient. C'était une tentative trop téméraire et sur la réussite de laquelle ils avaient compté sans l'assentiment des comtes de Ponthieu. En 1158, le comte Jean se déclare le défenseur de l'église, de ses reliques et de ses biens, et le prieuré, quoique turbulent, se le tient pour dit. En cette même année, 1158, le comte Jean oblige les frères de saint Nicolas à un cens annuel de deux cierges, du prix de douze sous, pour brûler devant les reliques de saint Wulfran, à sa fête, qui tombe en automne. En 1199 un seigneur d'Hallencourt ayant restitué de plein gré, dit M. Louandre, une dîme, à l'église de saint Wulfran, qu' il avait usurpée, les chanoines pour l'en récompenser lui réservèrent le droit de porter la châsse. Cet usage subsista jusqu'à la révolution. A cette époque, il était déjà d'usage de prêter serment dans la collégiale de Saint-Wulfran devant la châsse du saint. Il est inutile de parler ici de la translation de 1205 qui établit une succession d'années dans le culte rendu à saint Wulfran. Les plus anciens comptes de la ville sont les véridiques témoignages des honneurs rendus à notre saint patron. Ceux qui nous sont parvenus remontent au XIVe siècle. Dès cette époque jusqu'à la Révolution aucun d'eux ne se tait sur les processions de la « fierte de Monsieur saint Wulfran ». Un dernier témoignage du culte de saint Wulfran et de la croyance générale à la possession de ces reliques par Abbeville nous est donné par Louis XI le 11 décembre 1463. Nous extrayons de ce document les lignes suivantes : « Et désirant volontiers pour la décoration de ladite église à ce que le service divin puisse être mieux dit et en plus grand honneur, fait et célébré à la louange de Dieu, et de la Vierge Marie, et du glorieux corps Monsieur saint Wulfran qui est révéré en icelle. » Ainsi les témoignages les plus divers s'accordent à reconnaître notre possession du corps de saint Wulfran. Nous pourrions arrêter ici notre dissertation. Mais pour éclairer nos lecteurs sur la partialité dont nous devions être victimes, présentons tous les arguments de dom Bréard, invoqués contre nous.

VIII

ARGUMENTS DE DOM BRÉARD CONTRE L'AUTHENTICITÉ DES RELIQUES DE SAINT WULFRAN DÉPOSÉES EN L'ÉGLISE COLLÉGIALE DE SAINT-WULFRAN D'ABBEVILLE ; LEUR RÉFUTATION.

On peut à bon droit, dit dom Bréard avec un sans façon qui nous peine, *accuser de mauvaise foi ou au moins de légèreté, les Abbevillois qui affirment, à la légère, qu'ils possèdent le chef et le bras de saint Wulfran, séparément du corps, eux qui pour confirmer dans la mesure de leur pouvoir cette possession* IMAGINAIRE *du corps de saint Wul-*

fran, prièrent avec instance, l'an 1662, *Mgr l'Évêque d'Amiens de faire la reconnaissance du corps supposé de saint Wulfran. Ajoutez à cela que d'ailleurs la tête et le bras gauche de saint Wulfran n'ont pas pu être apportés avec le tronc à Abbeville par Guy de Talvas, si Fontenelle a toujours conservé ce bras avec le tronc. Or, Fontenelle les a toujours gardés comme le prouvent les diverses translations de ce saint corps faites à diverses époques et comme il ressort de nos catalogues jusqu'à l'année* 1562 *ou* 1566.

Rien n'est plus précis que cette froide argumentation qui fit battre notre cœur d'une soudaine émotion quand, pour la première fois, ce texte tomba sous nos yeux. Dom Bréard s'appuie, dit-il, pour contester l'authenticité des reliques possédées à Abbeville, sur la bonne foi des catalogues de l'abbaye de Fontenelle relatant les translations des reliques de saint Wulfran et de leur énumération à diverses époques. Nous allons donc, avec lui, les compulser à nouveau, car il y va de la sincérité de ses arguments, et, cette fois, de la vérité de notre possession touchant le corps vrai de saint Wulfran qui aurait été substitué par un autre corps comme le prétendent dom Bréard et M. l'abbé Sauvage.

Il faut tenir d'abord pour certain, et nous le prouverons dans notre histoire, que saint Wulfran est mort en 695 ou 696, au plus tard, et non en 720 ou 741. Neuf ans après la déposition du saint évêque en l'église de Saint-Paul, saint Bain, abbé de Fontenelle, pour justifier l'opinion de sainteté du pontife de Sens, fit la solennelle ouverture de son tombeau. « Il en sortit un parfum de la plus agréable odeur qui se répandit dans l'église et jusques hors le portail et dont tout le peuple fut embaumé. On retrouva son corps avec les mêmes vêtements dont on l'avait revêtu — *sicut ministrare sanctis altaribus consueverat*; — c'est-à-dire comme on était accoutumé de faire pour un ministre des autels. Saint Wulfran ne fut donc point enseveli sous le costume monastique des disciples de saint Benoît, mais revêtu des insignes sacerdotaux. Selon l'usage du temps il fut d'abord inhumé dans un cercueil de pierre présentant pour le repos de la tête une large entaille quadrangulaire. Composé de plusieurs pièces jointes à l'aide d'un excellent mortier et recouvert d'une dalle, le cercueil pouvait ainsi être à l'abri des injures des siècles. Remis dans un sarcophage de bois, le corps du saint pontife de Sens fut descendu dans la crypte de l'église de Saint-Pierre et posé dans un sépulcre de pierre préparé à cet effet. Cette translation eut lieu le 31 mars 704. M. l'abbé Malais relate une seconde translation le 15 octobre 732. Est-ce la même que celle dont parle Mabillon et qu'il fixe à l'an 749? Quels motifs puissants décidèrent les religieux de Fontenelle à ces reconnaissances que rien ne semble justifier? Le 12 mai 841 une troupe de Normands ayant à leur tête le redoutable Ascher ou Oscher paraît à l'embouchure de la Seine; le 14, ces pirates brûlent Rouen; le 16, mettent le feu à l'abbaye de Jumièges et le 25 ou 26 du même mois se présentent devant l'abbaye de Fontenelle qui se rachète du pillage et de l'incendie moyennant six livres d'or. En 845 les Normands s'établissent à Rouen. Au mois d'octobre 850 d'autres Normands apparaissent sous la conduite de Sidroc et de Godefroy. Trois ans après, vers la fin du mois de juillet ou le commencement du mois d'août, une autre troupe dirigée par Sidroc et Bernon vient à nouveau rançonner l'abbaye de Fontenelle, et en 862 ils la détruisent entièrement.

D'après le père Giry, les moines de Fontenelle, craignant de jour en jour une nouvelle irruption, s'éloignèrent de cette abbaye, non en 862 mais en 858. Et d'après nos recherches, nous sommes assurés qu'en

846, 848, 853, les religieux crurent prudent de se séparer d'une partie de leurs reliques que, dès ce temps, ils répartirent en divers lieux à la garde de leurs frères en saint Benoît. Il n'est donc pas possible de vouloir prétendre à un départ précipité de Fontenelle pour admettre que les religieux ne purent enlever en partie les trésors sacrés de l'abbaye.

Donc, soit en 858, soit en 862 eut lieu une nouvelle translation des reliques de saint Wulfran, puis celles de 1009 et de 1026 ou 1027.

Dom Bréard ne cite pour appuyer ses arguments qu'une bien maigre analyse des catalogues de Fontenelle auxquels il n'assigne aucune époque. Aussi pour permettre une comparaison nécessaire avons-nous été obligé d'établir les époques les plus exactes des translations des reliques de saint Wulfran afin d'assigner celles des catalogues cités par le peu scrupuleux bénédictin.

Primus Catalogus reliquiarum Fontanellæ.

Corps de saint Wulfran, moine de Fontenelle et plus tard archevêque de Sens.

Ce catalogue est extrait, il n'en faut pas douter, du plus ancien martyrologe de l'abbaye. Comme nous n'y voyons aucune division du corps de saint Wulfran, nous pouvons lui assigner comme date, le VIIIe siècle.

Secundus Catalogus reliquiarum Fontanellæ (interpolé).

Corps de notre Père Wulfran, bras dudit, doigt dudit; ceinture dudit; patène avec le calice dans lesquels il célébrait les divins mystères; croix qu'on portait devant lui; évangéliaire; dent dudit.

Ce catalogue, pour tout esprit impartial prouve catégoriquement la division des reliques de saint Wulfran. Il y a énumération de diverses parties du du corps, donc séparation. Pourquoi le copiste du martyrologe de Fontenelle se serait-il plu à nombrer exactement le corps (ou tronc), un bras, un doigt, une dent, si le corps eût été entier? Evidemment il s'empresse de faire cette citation parce que l'abbaye ne possédait plus le corps dans son intégralité.

A quelle époque faut-il assigner la rédaction de ce catalogue? Elle n'a pu être faite qu'après le XIe siècle alors que les reliques avaient été divisées entre les monastères de Saint-Riquier, Blandigny et les chanoines d'Abbeville. Il représente, selon toute vraisemblance, ce qui restait à Fontenelle au XIIIe siècle et dont la translation solennelle, au rapport de dom Mabillon, eut lieu en 1238.

Tertius catalogus reliquiarum Fontanellæ, in majori capsa lignea.

Chef de saint Wulfran avec quelques autres moindres reliques du même, ceinture de saint Wulfran.

Ce catalogue écrit au temps de dom Bréard nous laisse fort indifférent car il fut l'œuvre non pas de la loyauté, mais du besoin, pour disputer à l'aise l'authenticité des reliques honorées à Abbeville et dont Fontenelle convoitait d'un cœur jaloux l'heureuse possession. Pour donner un cachet de vérité à cette œuvre maladroite qui date assurément du XVIIe siècle, l'auteur s'empresse de citer le chef de saint Wulfran dont le précédent catalogue ne parle pas et qui vient à point pour fournir matière à un peu édifiant débat.

« En 1562 les Huguenots, dit M. l'abbé Sauvage, jetèrent le contenu des châsses de l'abbaye du haut de la lanterne de l'église abbatiale sur le pavé de la la nef où ils restèrent gisants jusqu'à ce que les religieux, rentrés dans leur demeure après le départ des bandits, en pussent recueillir les restes défigurés. »

« Presque tous les ossements, brisés, dispersés, confondus, n'étaient plus reconnaissables. Quelques-uns cependant offraient des caractères assez particuliers pour que leur identité demeurât incontestable. Le bras droit de saint Wandrille, la tête de saint Wulfran et quelques autres encore purent ainsi être munies d'attestations canoniques appuyées du témoignage de personnes dignes de foi et qui ne pouvaient se tromper, pour s'être souvent prosternées devant ces restes vénérables avant leur profanation. »

Dom Bréard ne pouvait guère trouver de meilleur auxiliaire dans le procès intenté aux Abbevillois, que M. l'abbé Sauvage. Mais ce n'est pas ce récit correctement présenté qui nous fera reconnaitre sans preuve autre que celle d'une brillante diction, bien préparée en la circonstance, que nous sommes en présence du chef de saint Wulfran.

De l'aveu de M. l'abbé Sauvage les religieux de Fontenelle fuirent devant les Huguenots ; rien n'est plus vrai ; toutefois il s'éloigne de la vérité quand il nous présente les bons moines revenant *le lendemain* en leur abbaye et s'empressant de reconnaître les authentiques de leurs reliques qui n'y étaient plus. Or, ce que ne dit pas M. l'abbé Sauvage, c'est que l'amiral Coligny, chef des huguenots ou plutôt des protestants, chassé le 6 octobre 1562 de la ville de Rouen assiégée par Charles IX et Catherine de Médicis, usant de représailles, répandit ses troupes dans toute la Normandie. C'est alors que les religieux de Fontenelle furent assaillis en leur monastère dont ils s'éloignèrent en toute hate pour n'y revenir que quelque temps après, si ce n'est à la paix d'Amboise en 1563. Ce simple exposé des faits suffit pour convaincre que les religieux ne purent en aucune façon reconnaitre, parmi les débris qui jonchaient l'église abbatiale, plus spécialement le bras de saint Wandrille que le chef de saint Wulfran que ne possédait plus l'abbaye. M. l'abbé Sauvage en rééditant la légende de dom Bréard n'a point mérité de l'histoire. Et par une conséquence fâcheuse voulant donner lui aussi un caractère d'authenticité à ce fameux chef de saint Wulfran, il nous propose de rectifier le procès-verbal de M. l'abbé La Carrière, curé de Caudebec, qui atteste que le 28 juillet 1791, il a déposé dans une boîte un os du bras de saint Wandrille, un autre de saint Wulfran, une mâchoire, les dents et le crâne de saint Clément, pape et martyr et un autre crâne de saint Wulfran. « Dans le trouble ou la précipitation avec lesquels il dut vider les châsses, dit M. l'abbé Sauvage, M. La Carrière a mal lu les étiquettes et confondu les ossements. C'est ainsi qu'il n'a pu sauver un bras de saint Wulfran et un crâne de saint Clément que l'abbaye ne possédait ni l'un ni l'autre à cette époque. Il est évident d'ailleurs qu'un certain nombre de reliques sauvées par lui proviennent de Jumièges et non pas de Saint-Wandrille. La preuve en est dans la lettre suivante dont l'original se trouve avec les objets décrits dans la caisse conservée par M. l'abbé Bosquier. » Nous ne croyons utile que d'en reproduire la suscription : Au Révérend frère dom Gabriel Theroude, religieux bénédictin à Jumièges.

Ce qui nous frappe dans les dernières paroles de M. l'abbé Sauvage, est cette phrase préparée intentionnellement : *un certain nombre de reliques*, ce n'est pas toutes les reliques et pour cause, car l'abbaye de Jumièges ne pouvait se flatter de posséder le chef de saint Wulfran, et pour établir un semblant de vérité, M. l'abbé Sauvage se hâte d'attribuer le crâne de saint Clément à Jumièges, et à Fontenelle celui de saint Wulfran dont l'existence disparaît du XIe siècle au 24 février 1666. Ce qui peut paraître véritablement un miracle, n'est-ce pas cette réapparition inexplicable ? En terminant ajoutons, comme corollaire, que ce prétendu crâne de saint Wulfran s'est trouvé comme par enchantement en l'église Saint-Michel de Saint-Wandrille où il est honoré depuis 1850. La pratie inférieure de ce crâne est conservée, au rapport de

M. l'abbé Sauvage, dans une famille de Caudebec.

Nous nous hâtons de rendre témoignage à la sainteté de ces précieuses dépouilles, mais nous nions formellement qu'elles soient le chef du glorieux pontife de Sens. Il résulte donc encore une fois de ce que nous venons de dire qu'il est de toute certitude d'après les translations des reliques de saint Wulfran et des catalogues de Fontenelle qu'au XVIe siècle cette abbaye n'était plus en possession du corps entier de saint Wulfran, mais d'une faible portion seulement.

IX

DERNIERS ARGUMENTS DE DOM BRÉARD CONTRE ABBEVILLE, LEUR RÉFUTATION.

Dom Bréard, toujours en quête de raisonnements, après avoir pris à partie Mgr François Faure, évêque d'Amiens, jugeant n'avoir pas entièrement ruiné les dernières espérances des Abbevillois, reprend la question au XIIIe siècle. On trouvera peut-être bien extraordinaire cet amour du bénédictin qui cherche, sans preuve et contre la vérité, une guerre impie à la poudre des tombeaux. *Que vous en semble*, dit-il, *ô lecteurs? N'est-ce pas avec un entier étonnement, ou plutôt avec stupéfaction, qu'on voit le Révérendissime Richard de Gerberoy, évêque d'Amiens, à la vue des ossements extraits de la châsse d'argent, déclarer aussitôt et affirmer, et cela sans aucune preuve, sans aucun indice, sans aucun témoignage, que ces ossements sont ceux de saint Wulfran. Et non seulement il l'affirme, mais il le transmet à la postérité par l'acte qu'il dresse. Qui a jamais entendu parler de choses semblables? Quel autre moyen plus capable d'en imposer à la crédulité publique?*

Où donc dom Bréard a-t-il jamais lu que la tradition

abbevilloise ait rapporté que les reliques de saint Wulfran nous étaient parvenues dans une châsse d'argent? Pas plus le comte Guillaume III que Mgr de Gerberoy n'ont attesté semblable assertion. Ni l'un ni l'autre n'ont jugé utile de transmettre le fait bien insignifiant en soi d'une translation des reliques de saint Wulfran d'une châsse de bois dans une autre d'argent. Mais ils affirment par un acte de toute simplicité cette reconnaissance des reliques dont ils ne pouvaient accuser l'origine bien connue, et que Mgr l'évêque d'Amiens consentit après cent quarante-sept ans de possession à reconnaître véritables et authentiques.

Voici du reste la reproduction de ces actes écrits sur parchemin qui l'un et l'autre, furent trouvés dans la châsse de saint Wulfran le 21 mai 1662, munis de leur sceau parfaitement conservé. *Richard, par la grâce de Dieu évêque d'Amiens, à tous ceux qui le présent écrit verront, salut dans le Seigneur. Que tout le monde sache ceci, que par notre main, avec la coopération du Saint-Esprit, a été déposé dans cette châsse ce très saint corps du bienheureux Wulfran, archevêque de Sens et confesseur, au temps de noble homme Guillaume, comte de Ponthieu, l'an de l'Incarnation du Verbe*, 1205.

Guillaume, comte de Montreuil et de Ponthieu, à tous ceux qui le présent écrit verront, salut et charité. Que tout le monde sache bien que par les mains de vénérable homme Richard, par la grâce de Dieu, évêque d'Amiens, a été déposé ce très saint corps du bienheureux Wulfran, archevêque de Sens et confesseur, au temps où je vivais, l'an de l'Incarnation, 1205. Mais ce dont ne parle pas dom Bréard est un document qui se trouvait dans cette châsse et sur lequel Mgr Richard s'appuya pour affirmer l'authenticité des reliques de saint Wulfran. Ce témoignage, dom Bréard a jugé prudent de le laisser en oubli; c'était un manuscrit latin, incontestablement du IXe siècle, au plus tard, contenant la vie de saint Wulfran attribuée à Jonas, moine de Fontenelle, dérobé en même temps que les reliques par les gens des comtes de Ponthieu en des circonstances que nous avons rapportées plus haut. Ce manuscrit n'est pas de fabrication moderne. Et, selon les documents les plus certains, aucune vie du saint n'ayant été publiée à Abbeville d'après ce manuscrit avant le XIXe siècle, on peut être assuré que la possession de ce précieux document resta inconnue aux chanoines auxquels il fut remis en 1662, lors de l'ouverture de la châsse par Mgr François Faure. C'est de ce temps (1205) que furent placés le chef de saint Wulfran dans un buste d'argent pesant environ quinze marcs, plusieurs parties des bras du saint dans deux bras d'argent dont l'un pesait environ quinze marcs et l'autre neuf onces environ ; la châsse dont nous avons parlé précédemment et qui contenait les reliques du saint pesait environ quatre-vingt-cinq marcs d'argent. (Registre de saint Wulfran du XVIe siècle, compulsé par M. d'Abrancourt.)

Comme nous venons de le voir, le langage de dom Bréard est bien peu mesuré. Mais où il dépasse les bornes du respect dû à la vérité, c'est quand il dit : *Je nie qu'Abbeville possède le corps de saint Wulfran ; je le nie parce qu'en composant mon histoire latine, j'ai compulsé des ouvrages tant manuscrits qu'imprimés, et je me suis assuré bien des fois à travers les siècles, que jamais le corps de saint Wulfran n'a été enlevé de Fontenelle et que, par conséquent, à aucune époque le trésor d'Abbeville n'en a été enrichi.*

Ces ouvrages tant manuscrits qu'imprimés, nous aurions été fort aise d'en connaître les auteurs. Pourquoi dom Bréard n'en cite-t-il aucun ? C'est qu'il ne le peut ou ne le veut de peur d'attirer sur sa critique, par cette citation, de nouveaux témoignages établissant son insigne mauvaise foi. Cependant il nous donne pour adversaire le bénédictin dom Deuter dont il s'abstient de résumer les travaux. A bout d'arguments, et n'osant assumer l'entière responsabilité de cette polémique outrageante pour Abbeville, il fait dire au moine qui ne l'a sans doute pas écrit : *Quelqu'un s'est joué des comtes de Ponthieu, avides de reliques, en leur donnant, au lieu de celui de saint Wulfran, un corps que les Abbevillois vénèrent sans savoir si c'est celui d'un saint, honorant pieusement saint Wulfran en cet inconnu.*

Cette lâche insulte ne mérite que le mépris. Toutefois elle est un précieux aveu que nous enregistrons, à savoir qu'il n'est pas contestable que les gens des comtes de Ponthieu prirent à mains armées les reliques de saint Wulfran au grand désespoir de l'abbaye de Fontenelle. Or, quelques bénédictins ne pardonnèrent jamais cet enlèvement. Aussi plus de dix siècles après, voyons-nous encore sur les lèvres d'un moine, des plus érudits de cette abbaye le sarcasme de l'ironie à l'adresse des Abbevillois.

Qu'il nous soit permis de rendre ici un hommage justement mérité aux savants bénédictins de la Congrégation de France qui ont compris, eux, ce qu'avait de dangereux et de partial la publication de ces textes aussi frivoles que fautifs. Il a fallu un zèle bien peu digne d'éloges, que M. l'abbé Sauvage nous pardonne cette franchise, pour exhumer de la poussière de l'oubli ce manuscrit qui devrait s'y cacher à nouveau et ne plus jamais reparaître.

Moins sévère que dom Bréard qui n'a pas craint de verser l'injure sur la tombe des deux évêques d'Amiens, Mgr Richard de Gerberoy et Mgr François Faure, nous ne voulons retenir de ce bénédictin qui a tant disserté contre saint Wulfran que ces seuls mots, écrits de la main même de dom Bréard, en bon français, dans le cours même de sa polémique que sa conscience réprouvait : *Je prie mon Dieu de tout mon cœur qu'il me pardonne pour l'amour de Luy.*

X

M. L'ABBÉ SAUVAGE ET M. LE CURÉ MICHEL DE LA PAROISSE DE SAINT-WULFRAN D'ABBEVILLE

Lorsqu'en 1836, M. l'abbé Michel, du haut de la chaire de la collégiale, annonçait d'une voix émue aux nombreux habitants pressés autour de lui, comme des fils autour de leur père, qu'il se proposait de traduire le manuscrit dit de Jonas, le plus ancien d'entre les documents qui nous soient parvenus, il s'écriait dans l'enthousiasme de cette foi profonde qui remuait les cœurs : « C'est à vous, mes chers paroissiens, c'est à vous tous habitants de cette ville et du Ponthieu que je veux dédier ce gage de ma sincère affection et de l'entier dévouement de votre pasteur. Puissé-je, ô mon Dieu, contribuer dans la faible mesure de mes forces, contribuer, dis-je, à ranimer s'il en est besoin, à conserver, à augmenter surtout dans les cœurs l'amour filial que cette population tout entière a voué au grand saint, notre glorieux patron. »

Malgré la multiplicité des travaux dont il était accablé, et les soucis nombreux dont un archiprêtré de grande importance suscite au pasteur qui en accepte la lourde responsabilité, M. l'abbé Michel dont la vaste érudition n'est un secret pour personne, sut trouver le temps nécessaire pour se livrer à l'ingrat labeur de la traduction d'un manuscrit latin de la fin du VIIIe siècle ou du commencement du IXe au plus tard. Ceux qui ont eu devant les yeux quelques pages de ces textes, parfois étranges dans leur forme abréviative, avec lesquels il est parfois bien difficile de se familiariser, comprendront le mérite de l'œuvre tentée et si bien conduite à sa fin.

Il est donc constant que M. l'abbé Michel ne rechercha en aucune façon la gloire souvent si fragile et presque toujours éphémère de se poser comme un historien critique des faits passés, exposés sous un nouveau jour, avec plus d'ordre et de clarté. Ce qu'il prétendit et mena à bien, ce fut sa traduction. Cette œuvre appelait en outre quelques éclaircissements. C'est ce travail qui a été l'objet de la critique de M. l'abbé Sauvage.

M. l'abbé Michel a tracé, non pas à la hâte, mais à la suite de recherches conciencieuses, un simple exposé des faits qui restera toujours comme l'esquisse agréable d'un tableau entrevu, auquel nous avons osé mettre la main, et que d'autres après nous sauront rectifier, embellir pour sa conservation.

Les matériaux dont a disposé M. l'abbé Michel sont ceux-là mêmes auquels les critiques les plus sévères auront toujours recours. Mais en quoi les notes qu'il a publiées sont-elles donc erronées? Nous n'y avons relevé que la citation d'une date non conforme au temps et au lieu du fait accompli, c'est l'époque de l'enlèvement de la patène, du calice et de l'évangéliaire de saint Wulfran de l'abbaye de Fontenelle, dérobés par Gruchy, moine de ce monastère, en 1571 et non en 1621. Cette erreur de détail n'infirme point la vérité du larcin raconté par M. l'abbé Michel. Et quand M. l'abbé Sauvage demande à M. le curé de Saint-Wulfran la preuve justificative de la tradition abbevilloise il nous semble aller au devant de l'inconnu qui lui préparait cette surprise, de voir, comme au lever du soleil, une plaine où de gais laboureurs remuaient la terre de la vérité historique, laquelle, grâce à la fécondité de son sein, a fait germer le bon grain. La moisson est prête. A nous tous qui avons arrosé le sol de nos sueurs et de nos travaux, de la recueillir pour la consolation de nos cœurs et l'orgueil de la postérité.

Le pieux débat auquel nous a convié M. l'abbé Sauvage est terminé. Nous avons écrit cette dissertation avec sincérité, ne cachant rien coûte que coûte, attaquant l'erreur où nous la rencontrions, peut-être un peu vivement, mais sans fiel contre leurs auteurs, car de cette polémique commencée par Fontenelle contre tous et que M. l'abbé Sauvage a voulu faire revivre de nos jours, il se dégage un grand enseignement.

Qui ne serait touché devant ces revendications dont quelques-unes sont hardies et non justifiables? Ce n'est partout qu'un concert d'éloges à la gloire de saint Wulfran. Et ce fait est bien propre à augmenter notre vénération envers l'illustre pontife de Sens. Nous voyons en lui pendant une succession de siècles ininterrompus qu'en tout temps il fut le père des populations affligées, que jamais il ne resta sourd aux prières et aux larmes de ceux qui les répandirent à ses pieds. Nous assistons à la glorification de ses cendres mêmes qui sont une protection efficace apaisant la colère divine et comme une solennelle expiation de nos fautes; elles sont l'espérance suprême du moribond et l'étendard du salut pour cette phalange de privilégiés ensevelis sous les voûtes sacrées des monuments religieux qui abritèrent ses restes si précieux. Oui, de ce pieux débat se dégage un grand enseignement de foi catholique qui émeut notre cœur. Heureuses villes qui les possédèrent, pleurez aujourd'hui votre père, votre consolateur. Il nous semble entendre les moines de Fontenelle recevant les derniers restes de saint Wulfran, s'écriant tous d'une voix unanime dans l'amertume de leur douleur, comme les habitants de Myre lors de l'enlèvement des reliques de saint Nicolas, en 1087, par Loup et Grimald, prêtres de Bari : « Hélas ! quelle catastrophe vient nous accabler en ce moment ! quelle honte en voyons-nous rejaillir sur notre monastère. Ce don de Dieu, que pendant tant d'années, nous avions conservé, nous est ravi tout à coup par un larcin facile. Malheur à nous ! Hélas ! à qui a été donné le pouvoir de consommer un tel attentat. Quelle main téméraire a exécuté cette criminelle entreprise ? Quel est le sacrilège qui a commis ce vol ? Vous qui emportez ces dépouilles opimes, vous êtes comblés de bonheur, tandis que dans notre infortune tous les maux nous accablent. » Rien n'était plus légitime que cette douleur. Mais en cela, les religieux de Fontenelle ne scrutaient point les desseins de Dieu. Soit à Blandigny, soit à Fontenelle les précieuses reliques de saint Wulfran n'eussent pas échappé au vandalisme des guerres de religion, aux ruines sanglantes de la Terreur. Admirons donc en ce fait de l'enlèvement des reliques de saint Wulfran par les soins des comtes de Ponthieu, une merveilleuse disposition de la Providence voulant exalter son serviteur. Ainsi neuf siècles bientôt se seront écoulés sur notre possession authentique des cendres de ce grand saint, dont Abbeville est l'orgueilleuse et fidèle dépositaire, et pendant neuf siècles entiers elles ont été l'objet de la vénération générale. Elles ont été abritées aux jours de la désolation. Et quand la paix fut donnée à la France, elles furent rendues à la piété des fidèles le 21 mai 1803 par le vénérable abbé Darras, alors curé de Saint-Wulfran. Depuis ce temps, exposées à la dévotion de tous, elles reposent dans une châsse sinon digne du saint pontife, du moins richement élégante.

Puissent-elles être encore de longs siècles la joie

et l'orgueil de notre cité, ces reliques vénérables? puissent-elles être notre sauvegarde en des jours où l'épreuve viendra nous atteindre? Et nous n'en saurions douter, car saint Wulfran, dont les âges ont proclamé la puissance et la gloire, est toujours grand aux yeux des hommes, et toujours puissant auprès du cœur de Dieu. Aussi dans l'élan de notre foi profonde répétons-nous avec orgueil ces paroles sublimes que des milliers de poitrines ont fait retentir sous les voûtes sacrées de notre vieille collégiale : « Heureuse, ô trop heureuse cité! tu possèdes un trésor extrêmement cher à ton Dieu. Non, jamais tes murailles n'ont renfermé rien de si glorieux, de si bienfaisant, ni une si puissante protection. » — « O grand saint, vous en êtes le gardien, le protecteur et le père ; défendez-la, vous le pouvez. Vos cendres sacrées sont notre gloire. Dieu les a placées parmi nous pour être notre ressource. Nos pères l'ont éprouvé, et nous-mêmes recevons par vous les vrais biens. Soyez attentif aux vœux pressants que notre ville vous adresse, ô notre père, faites qu'elle marche sur vos pas et qu'elle coule des jours heureux. »

Eugène LEFRANC.

Abbeville, ce 20 mars 1890, *en la fête de saint Wulfran.*

TABLE

www.ingramcontent.com/pod-product-compliance
Ingram Content Group UK Ltd.
Pitfield, Milton Keynes, MK11 3LW, UK
UKHW021506260726
13993UKWH00004B/1586

9 782329 245508